SE BURLÓ DE MÍ

¿IGNORARLO O CONFRONTARLO?

Tú eliges el final

por Connie Colwell Miller • ilustrado por Sofia Cardoso

¿Alguna vez deseaste poder cambiar una historia o elegir un final diferente?

¡EN ESTOS LIBROS, PUEDES HACERLO!

Sigue leyendo y cuando veas esto:

¿QUÉ PASA DESPUÉS?

Ve a la página de esa opción y descubre qué pasa.

En esta historia, John se burla de Kurt. ¿Ignorará Kurt las burlas, o afrontará el problema? ¡TÚ decides!

Es el descanso en la clase de taekwondo de Kurt.
John dice: "Te sale pésima esta nueva forma, Kurt".
"No puedo creer lo malísimo que eres".

¿QUÉ PASA DESPUÉS?

Si Kurt ignora a John, da vuelta a la página.
Si Kurt lo enfrenta, ve a la página 20.

Kurt regresa a la colchoneta. Pero John lo sigue. Le dice: "¿No me oíste, Kurt?". "Eres tan pésimo que deberías irte".

Kurt siente que los ojos se le llenan de lágrimas. John lo ha estado molestando cada semana.

¿QUÉ PASA DESPUÉS?

→ Si Kurt confronta a John, da vuelta a la página.

Si Kurt sigue ignorando a John, ve a la página 16. ←

"Quizás no soy tan bueno como tú", dice Kurt, "¡pero no soy pésimo!"

John contesta: "Lo que sea, güey". "Para mí, apestas".

VE A LA PÁGINA 18 →

Kurt grita: “¡Basta!”. “¡Deja de molestarme!”

Máster Daniels y toda la clase lo oyen. Todos se dan vuelta, sorprendidos.

DA VUELTA A LA PÁGINA →

Máster Daniels hace que ambos se queden sentados por el resto de la clase.

Después de la clase, Máster Daniels habla con ellos. Máster Daniels suspende a John de la clase dos semanas, por la intimidación. Kurt se siente aliviado. Si vuelve a pasar, él lo acusará de inmediato.

FIN

Ve a la página 23.

Kurt soporta las burlas de John toda la clase. Pero sigue trabajando en esa forma, e incluso mejora.

Cuando la clase termina, John dice: “¡Mucha práctica, pero sigues siendo pésimo!“

DA VUELTA A LA PÁGINA →

La mamá de Kurt viene por él y suben al auto. En cuanto entra al auto, se le salen las lágrimas.

"¡Ya no quiero tomar clases de taekwondo!"

Kurt no sabe si va a regresar; al menos no mientras John siga allí.

FIN

Ve a la página 23.

Kurt trata de esconder sus sentimientos. Tiene miedo y no sabe qué hacer. John se para detrás de Kurt y lo sigue molestando.

Le dice, riendo: "En serio que hiciste mal esa forma, güey".

¿QUÉ PASA DESPUÉS?

Si Kurt finalmente se enfrenta a John, ve a la página 8.

Si Kurt esconde sus sentimientos, ve a la página 12.

Kurt sigue practicando la forma nueva. John lo molesta en voz baja. Kurt solo dice: "Estoy aprendiendo".

Al poco rato, John se aburre y se va, y deja que Kurt practique. Kurt está orgulloso de sí mismo por no dejar que las palabras de John lo afecten.

FIN

Ve a la página 23.

Kurt tiene un poco de miedo, pero sabe que no merece que se burlen de él.

Kurt dice: “Es una forma nueva”. “Lo hice bien para ser la primera vez”.

Aún así, John sigue burlándose de Kurt.

DA VUELTA A LA PÁGINA →

Kurt le cuenta al profesor Daniels lo que sucede. Máster Daniels pone a John a hacer 30 lagartijas y lo cambia de lugar, lejos de Kurt. Kurt se siente más a salvo ahora que le contó a un adulto. Ya puede concentrarse en el taekwondo.

FIN

PIENSA OTRA VEZ

- ¿Qué pasó al final del camino que elegiste?
- ¿Te gustó ese final?
- Regresa a la página 3. Lee el cuento de nuevo y elige diferentes opciones. ¿Cómo cambió la historia?

Todos podemos elegir qué hacer cuando se burlan de nosotros. Si alguien se burlara de ti, ¿TÚ lo ignorarías, o lo confrontarías?

Al Kurt adulto y John—C.C.M.

AMICUS ILLUSTRATED es una publicación de Amicus
P.O. Box 227, Mankato, MN 56002
www.amicuspublishing.us

Library of Congress Cataloging-in-Publication Data
Names: Miller, Connie Colwell, 1976- author. | Cardoso, Sofia (Illustrator), illustrator.
Title: Se burló de mí : ¿ignorarlo o confrontarlo? / por Connie Colwell Miller ; ilustrado por Sofia Cardoso.
Other titles: He made fun of me. Spanish
Description: Mankato, Minnesota : Amicus. [2023] | Series: Tomando buenas decisiones | Audience: Ages 6-9 | Audience: Grades 2-3 | Summary: "In this illustrated Spanish choose-your-own-ending picture book, John picks on Kurt during Tae Kwon Do class. Kurt is worried and scared. Will he ignore John, or will he speak up? Readers make choices for Kurt, with each story path leading to different outcomes. Includes four endings and discussion questions"—Provided by publisher.
Identifiers: LCCN 2022002405 (print) | LCCN 2022002406 (ebook) | ISBN 9781645494829 (library binding) | ISBN 9781681528892 (paperback) | ISBN 9781645494881 (pdf)
Subjects: LCSH: Interpersonal conflict in children--Juvenile literature. | Interpersonal relations in children--Juvenile literature. | Bullying--Juvenile literature.
Classification: LCC BF723.I645 M54618 2023 (print) | LCC BF723.I645 (ebook) | DDC 158.2/5083--dc23/eng/20211217
LC record available at https://lccn.loc.gov/2022002405
LC ebook record available at https://lccn.loc.gov/2022002406

Rebecca Glaser, editora
Kathleen Petelinsek, diseñadora de la serie
Catherine Berthiaume, diseñadora de libra

ACERCA DE LA AUTORA

Connie Colwell Miller es una escritora, editora, e instructora que vive en Le Sueur, Minnesota, con sus cuatro hijos. Ha escrito más de 100 libros para niños pequeños. Le gusta contarles cuentos a sus hijos para enseñarles lecciones de vida importantes.

ACERCA DE LA ILUSTRADORA

Sofia Cardoso es una ilustradora de libros para niños, diseñadora y gastrónoma portuguesa, cuya pasión por la ilustración se remonta a su niñez. Usando una combinación de métodos tradicionales y digitales, pasa sus días creando ilustraciones divertidas, llenas de color y personajes de corta edad que quieren inspirar alegría y creatividad en los niños y en quienes tienen alma de niño.